9歳から99歳までの

絵本　般若心経

イラスト
○アメリカ　ジョナサン・ザング、ヤン・シャング
○インドネシア　マハーディ・ヌルチャオ
○カタール　R・シャーヤム・コウシク
○キューバ　レイセル・ソーサス
○ケニア　ナイリー・ニメッシュ・ナグダ、ランジャニ・ダルマラジャン
○シリア　マヤ・シャワィック・ハジェ
○スリランカ　マキングスレイ・クシャン・ダッサナヤケ、シャニカ・マドゥワンティ・エルビティガラ
○タイ　キティサック・テプコア、ソンウット・フェトサン、シララト・チョエチャン、
ナッタニチャ・コンサシットポルン、ポーンピモン・プラタラ
○中国　ラウ・ツン・ミン、ワン・ジア・ウエン、カン・ユ
○トルコ　ボルテ・グルグス
○日本　中村和可、太田垣紗英、塚田明日香、渡辺亮、佐藤亮太郎、大石圭太郎、黒川友宏、前田貴大、
小滝優理子、渡辺るみ
○ブルガリア　マーチェラ・イヴォ・デェルチェワ、ダニエラ・ボリスラヴォバ・カライヴァノヴァ、
イスクレン・ルメノヴ・ペトロヴ
○メキシコ　ラケル・ハイアット・サッソン
○リトアニア　ネリジュス・ナヴィダス
○ルーマニア　シドリウク・エヴェリーヌ・ゲドルジーヤ、グローレ・ロレダナ
＊以上、「地球環境カレンダー」（株式会社サン制作発行）より

○ブラジル　ベレン在住の22人の女の子

＊中村甚太くん、中村咲里さん、中村はなさん、鴨川諒一くんに参加してもらいました。

〈「地球環境カレンダー」掲載作品は、地球環境平和財団が主催する「国連子供環境ポスター原画コンテスト」（共催：国連環境計画、バイエル、株式会社ニコン）の優秀作品です。〉
〈ブラジルからの作品の使用には、「エマウス共和国運動　http://www.jcaapc.org/praca/emaus/emausJ/」の協力を得ました。〉

デザイン　オーノリュウスケ
お手本・写経紙　株式会社 津久間善

前書き　——子供の時からお経になじんで——

瀬戸内　寂聴

般若心経《はんにゃしんぎょう》は、もっとも有名でポピュラーな仏教のお経です。わずか二六六字の短いお経の中に仏教のすべてがこめられているといわれます。

花のお経と名づけられるほど、それは人に親《した》しまれています。

摩訶般若波羅蜜多心経《まかはんにゃはらみったしんぎょう》という題をちぢめて一般に般若心経といわれています。

向う岸（浄土《じょうど》）へ渡るための大切な、偉大《いだい》なお経という意味です。波羅蜜多というのがあの世、つまり彼岸《ひがん》、即《すなわ》ち極楽《ごくらく》をさします。

どうやって死を迎《むか》えるかという意味は、どうやって死ぬまでを有意義《ゆういぎ》に生きるかということにもつながります。

子供でも暗誦《あんしょう》することができます。意味はわからなくても称《とな》えていれば功徳《こうとく》をいただけます。

写経《しゃきょう》をすれば、さらに心にしみこみます。

この本は、子供でも自然に称えられるよう、またなぞって写経ができるよう工夫してつくりました。一人でも多くの子供たちが早くから、般若心経にふれて、仏教になじんでくれることを祈《いの》りながらつくりました。

摩《ま》訶《か》般《はん》若《にゃ》波《は》羅《ら》蜜《みっ》多《た》心《しん》経《ぎょう》

観《かん》自《じ》在《ざい》菩《ぼ》薩《さつ》行《ぎょう》深《じん》般《はん》若《にゃ》波《は》羅《ら》蜜《みっ》多《た》時《じ》照《しょう》見《けん》五《ご》
蘊《うん》皆《かい》空《くう》度《ど》一《いっ》切《さい》苦《く》厄《やく》舎《しゃ》利《り》子《し》色《しき》不《ふ》異《い》空《くう》空《くう》不《ふ》
異《い》色《しき》色《しき》即《そく》是《ぜ》空《くう》空《くう》即《そく》是《ぜ》色《しき》受《じゅ》想《そう》行《ぎょう》識《しき》亦《やく》復《ぶ》如《にょ》
是《ぜ》舎《しゃ》利《り》子《し》是《ぜ》諸《しょ》法《ほう》空《くう》相《そう》不《ふ》生《しょう》不《ふ》滅《めつ》不《ふ》垢《く》不《ふ》浄《じょう》
不《ふ》増《ぞう》不《ふ》減《げん》是《ぜ》故《こ》空《くう》中《ちゅう》無《む》色《しき》無《む》受《じゅ》想《そう》行《ぎょう》識《しき》無《む》眼《げん》
耳《に》鼻《び》舌《ぜっ》身《しん》意《に》無《む》色《しき》声《しょう》香《こう》味《み》触《そく》法《ほう》無《む》眼《げん》界《かい》乃《ない》至《し》
無《む》意《い》識《しき》界《かい》無《む》無《む》明《みょう》亦《やく》無《む》無《む》明《みょう》尽《じん》乃《ない》至《し》無《む》老《ろう》死《し》
亦《やく》無《む》老《ろう》死《し》尽《じん》無《む》苦《く》集《しゅう》滅《めつ》道《どう》無《む》智《ち》亦《やく》無《む》得《とく》以《い》無《む》

所《しょ》得《とっ》故《こ》菩《ぼ》提《だい》薩《さっ》埵《た》依《え》般《はん》若《にゃ》波《は》羅《ら》蜜《みっ》多《た》故《こ》心《しん》無《む》
罣《け》礙《げ》無《む》罣《け》礙《げ》故《こ》無《む》有《う》恐《く》怖《ふ》遠《おん》離《り》一《いっ》切《さい》顛《てん》倒《どう》夢《む》
想《そう》究《く》竟《きょう》涅《ね》槃《はん》三《さん》世《ぜ》諸《しょ》仏《ぶつ》依《え》般《はん》若《にゃ》波《は》羅《ら》蜜《みっ》多《た》故《こ》
得《とく》阿《あ》耨《のく》多《た》羅《ら》三《さん》藐《みゃく》三《さん》菩《ぼ》提《だい》故《こ》知《ち》般《はん》若《にゃ》波《は》羅《ら》蜜《みっ》
多《た》是《ぜ》大《だい》神《じん》呪《しゅ》是《ぜ》大《だい》明《みょう》呪《しゅ》是《ぜ》無《む》上《じょう》呪《しゅ》是《ぜ》無《む》等《とう》等《どう》
呪《しゅ》能《のう》除《じょ》一《いっ》切《さい》苦《く》真《しん》実《じつ》不《ふ》虚《こ》故《こ》説《せつ》般《はん》若《にゃ》波《は》羅《ら》蜜《みっ》
多《た》呪《しゅ》即《そく》説《せつ》呪《しゅ》曰《わつ》
羯《ぎゃ》諦《てい》羯《ぎゃ》諦《てい》波《は》羅《ら》羯《ぎゃ》諦《てい》波《は》羅《ら》僧《そう》羯《ぎゃ》諦《てい》菩《ぼ》提《じ》薩《そ》婆《わ》訶《か》
般《はん》若《にゃ》心《しん》経《ぎょう》

まかはんにゃはらみったしんぎょう
摩訶般若波羅蜜多心経

人がほんとうに幸福になるためのすばらしい仏《ほとけ》の〈ちえ〉。
いちばんたいせつなお経《きょう》。

かんじざいぼさつ
観自在菩薩

ぎょうじんはんにゃはらみったじ
行深般若波羅蜜多時

しょうけん ごうん かいくう
照見五蘊皆空

どいっさいくやく
度一切苦厄

観音《かんのん》さまがほんものの〈ちえ〉をさずかるために修行《しゅぎょう》をしておられるとき、「人のすべての苦しみは、なくすことができる」という大発見をしました。そして、わたしたちを苦しみから、すくってくださいました。

しゃりし
舎利子

しきふいくう　くうふいしき
色不異空　空不異色

しきそくぜくう　くうそくぜしき
色即是空　空即是色

受想行識《じゅそうぎょうしき》

亦復如是《やくぶにょぜ》

観音《かんのん》さまはこうおっしゃいました。

「この世のすべての形あるものは、あると思えばあるし、ないと思えばないのだよ。心で感じたり考えたりすることも、あると思えばあるし、ないと思えばないのだよ。」

しゃりし
舎利子

ぜしょほうくうそう
是諸法空相

ふしょうふめつ
不生不滅

ふくふじょう
不垢不浄

ふぞうふげん
不増不減

ぜこくうちゅうむしき
是故空中無色

むじゅそうぎょうしき

無受想行識

むげんにびぜつしんに

無眼耳鼻舌身意

むしきしょうこうみそくほう

無色声香味触法

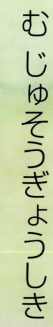

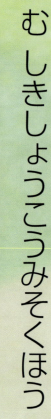

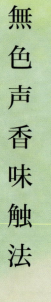

むげんかい ないし むいしきかい

無眼界乃至無意識界

さらに観音《かんのん》さまは続《つづ》けておっしゃいました。

「この世のあらゆるものは、あると思わなければ、ないと同じなのだよ。あらゆるものがないのだとしたら、生まれることもなければ、ほろびることもない。きたなくもなく、きれいでもない。ふえもせず、へりもしない。ないと思えば、すべてないのだよ。眼《め》も、耳も、鼻も、舌《した》も、身体《からだ》も、意識《いしき》もない。眼がとらえる形も、耳がとらえる声も、鼻がとらえる香《か》も、舌がとらえる味も、身体が感じるものも、意識が考えるものもない。見ることも、聞くことも、嗅《か》ぐことも、味わうことも、触《ふ》れることも、知ることも、ないのだよ。」

むむみょう
無無明

やくむむみょうじん
亦無無明尽

ないしむろうし
乃至無老死

やくむろうしじん
亦無老死尽

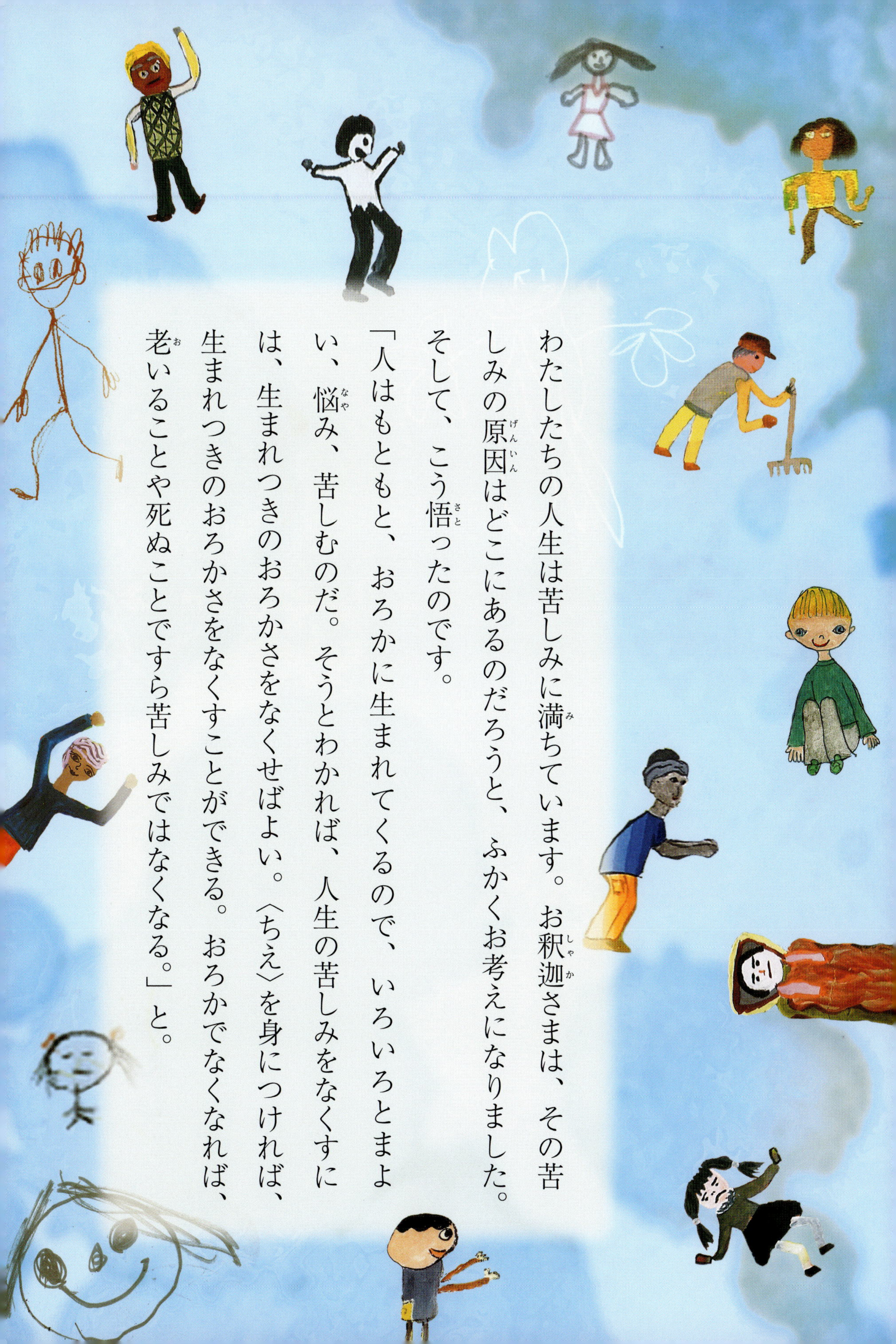

わたしたちの人生は苦しみに満《み》ちています。お釈迦《しゃか》さまは、その苦しみの原因《げんいん》はどこにあるのだろうと、ふかくお考えになりました。
そして、こう悟《さと》ったのです。
「人はもともと、おろかに生まれてくるので、いろいろとまよい、悩《なや》み、苦しむのだ。そうとわかれば、人生の苦しみをなくすには、生まれつきのおろかさをなくせばよい。〈ちえ〉を身につければ、生まれつきのおろかさをなくすことができる。おろかでなくなれば、老《お》いることや死ぬことですら苦しみではなくなる。」と。

むくしゅうめつどう
無苦集滅道

むちゃくむとく
無智亦無得

いむしょとっこ
以無所得故

〈ちえ〉とはすなわち、「この世のすべてのものは、あると思えばあるし、ないと思えばない」ということを知ること。だとすると、その〈ちえ〉すらも、ないと思えばないのです。けっきょく、なにもない。なにもないから、なににもとらわれない。せっかくわかった〈ちえ〉にもとらわれない。それこそが、ほんものの〈ちえ〉——。

ぼだいさった　えはんにゃはらみったこ
菩提薩埵　依般若波羅蜜多故
しんむけげ　むけげこ
心無罣礙　無罣礙故
むうくふ　おんりいっさいてんどうむそう
無有恐怖　遠離一切顛倒夢想
くきょうねはん
究竟涅槃

菩薩《ぼさつ》さまは、ほんものの〈ちえ〉によって、とらわれのない心になりました。死ぬことにさえ、とらわれません。もう、なにもこわいものはありません。そうして自由自在《じゆうじざい》の人となって、菩薩さまは永遠《えいえん》に幸福な地に入られました。

さんぜしょぶつ
三世諸仏

えはんにゃはらみったこ
依般若波羅蜜多故

とくあのくたらさんみゃくさんぼだい

得阿耨多羅三藐三菩提

かぎりない過去《かこ》からかぎりない未来《みらい》まで、ありとあらゆるところに仏《ほとけ》がいらっしゃいます。その仏もみな、ほんものの〈ちえ〉によって、このうえなくすばらしい悟《さと》りを得《え》られ、永遠《えいえん》に幸福な地に入られました。

こちはんにゃはらみった

故知般若波羅蜜多

ぜだいじんしゅ

是大神呪

ぜだいみょうしゅ

是大明呪

ぜむじょうしゅ

是無上呪

ぜむとうどうしゅ

是無等等呪

のうじょ いっさいく　しんじつふこ

能除一切苦　真実不虚

人もみな、永遠《えいえん》に幸福な地に入るための〈ちえ〉を知ることができます。それは、ありがたい仏《ほとけ》の「呪《じゅ》文《もん》」です。その呪文をとなえれば、だれもが、すべての苦しみから、ときはなたれます。これは、ほんとうのことで、ひとつのうそもありません。

こせつはんにゃはらみったしゅ

故説般若波羅蜜多呪

そくせつしゅわつ

即説呪曰

さあ、その呪文《じゅもん》をおしえましょう。

ぎゃていぎゃてい

羯諦羯諦

はらぎゃてい

波羅羯諦

はらそうぎゃてい

波羅僧羯諦

ぼじそわか

菩提薩婆訶

はんにゃしんぎょう

般若心経

ガテーガテー
パーラガテー
パーラサンガテー
ボディスヴァーハー

摩訶般若波羅蜜多心経　現代語訳

人がほんとうに幸福になるためのすばらしい仏《ほとけ》の〈ちえ〉。
いちばんたいせつなお経《きょう》。

観音《かんのん》さまがほんものの〈ちえ〉をさずかるために修行《しゅぎょう》をしておられるとき、「人のすべての苦しみは、なくすことができる」という大発見をしました。そして、わたしたちを苦しみから、すくってくださいました。

観音さまはこうおっしゃいました。

「この世のすべての形あるものは、あると思えばあるし、ないと思えばないのだよ。心で感じたり考えたりすることも、あると思えばあるし、ないと思えばないのだよ。」

さらに観音さまは続《つづ》けておっしゃいました。

「この世のあらゆるものは、あると思わなければ、ないと同じなのだよ。あらゆるものがないのだとしたら、生まれることもなければ、ほろびることもない。きたなくもなく、きれいでもない。ふえもせず、へりもしない。ないと思えば、すべてないのだよ。眼《め》も、耳も、鼻も、舌《した》も、身体《からだ》も、意識《いしき》もない。眼がとらえる形も、耳がとらえる声も、鼻がとらえる香《か》も、舌がとらえる味も、身体が感じるものも、意識が考えるものもない。人は、見ることも、聞くことも、嗅《か》ぐことも、味わうことも、触《ふ》れることも、知ることも、ないのだよ。」

わたしたちの人生は苦しみに満《み》ちています。お釈迦《しゃか》さまは、その苦しみの原因《げんいん》はどこにあるのだろうと、ふかくお考えになりました。そして、こう悟《さと》ったのです。

「人はもともと、おろかに生まれてくるので、いろいろとまよい、悩《なや》み、苦しむのだ。そうとわかれば、人生の苦しみをなくすには、生まれつきのおろかさをなくせばよい。〈ちえ〉を身につければ、生まれつきのおろかさをなくすことができる。おろかでなくなれば、老《お》いることや死ぬことですら苦しみではなくなる。」と。

〈ちえ〉とはすなわち、「この世のすべてのものは、あると思えばあるし、ないと思えばない」ということを知ること。だとすると、その〈ちえ〉すらも、ないと思えばないのです。けっきょく、なにもない。なにもないから、なににもとらわれない。せっかくわかった〈ちえ〉にもとらわれない。それこそが、ほんものの〈ちえ〉――。

菩薩《ぼさつ》さまは、ほんものの〈ちえ〉によって、とらわれのない心になりました。死ぬことにさえ、とらわれません。もう、なにもこわいものはありません。そうして自由自在《じゆうじざい》の人となって、菩薩さまは永遠《えいえん》に幸福な地に入られました。

かぎりない過去《かこ》からかぎりない未来《みらい》まで、ありとあらゆるところに仏がいらっしゃいます。その仏もみな、ほんものの〈ちえ〉によって、このうえなくすばらしい悟りを得《え》られ、永遠に幸福な地に入られました。

人もみな、永遠に幸福な地に入るための〈ちえ〉を知ることができます。それは、ありがたい仏の「呪文《じゅもん》」です。その呪文をとなえれば、だれもが、すべての苦しみから、ときはなたれます。これは、ほんとうのことで、ひとつのうそもありません。

さあ、その呪文をおしえましょう。

ガテーガテー　パーラガテー

パーラサンガテー　ボディスヴァーハー

解説

摩訶《まか》般若《はんにゃ》波羅蜜多《はらみった》心経《しんぎょう》

般若心経の正式な題名です。そのまま訳すと「彼岸《ひがん》へ渡るための偉大な智慧《ちえ》のいちばんたいせつなお経」となります。

摩訶とは、「偉大な」という意味。般若は「智慧」仏教でいう智慧とは、いま自分が何をすればいいのか、相手に何をしてあげればいいのか、そうしたことを正しく考える力のことです。いつでも正しい考えさえ持てれば、人は困難に打ち勝つことができ、幸福が訪れます。智慧は、仏さまから私たちへのプレゼントです。

波羅蜜多は「彼岸へ渡る」彼岸は、悩みも苦しみもない向こう岸、あの世のことです。

心経の心《しん》とは、心臓の心、中心の心。いちばんたいせつなお経だから「心経」なのです。

観自在菩薩《かんじざいぼさつ》　**行深般若波羅蜜多時《ぎょうじんはんにゃはらみったじ》**

「観音《かんのん》さまが、般若波羅蜜多の修行を深くなさったとき」般若波羅蜜多は前のところで説明しました。

観自在菩薩とは、私たちが日ごろ「観音さま」と呼んでいる仏さまです。苦しいときに私たちはただ一心に「観音さま、助けてください」とお祈りすれば、観音さまはすぐにかけつけてくださいます。そのとき、いろいろな姿に変身して現れるといわれます。あなたにやさしくしてくれたり手を貸してくれる人は、みんな観音さまかもしれません。

照見五蘊皆空《しょうけんごうんかいくう》

「五蘊は皆空であると照見された」照見とは「はっきりわかる」こと。五蘊は人間を構成する五つのもので、体と四つの心の働きのこと。「五蘊は皆空」とは「体も心も、みな空《くう》」ということ。では「空」とはいったいどういうことでしょう。

じつは空こそが般若心経のなかで、もっとも重要なキーワードなのです。空とは、ものがあってもそれを心が認めなければ、ないと同じだということです。この考えをさらに広めていくと、苦しみがあっても心が認めなければないと同じだということになります。

度一切苦厄《どいっさいくやく》

「すべての苦しみをすくう」体も心もないところに何の悩みも

うまれません。その真実を発見されたので、観音さまは人間をあらゆる苦しみからすくいあげてくださった、ということです。

舎利子《しゃりし》

お釈迦《しゃか》さまのいちばん優秀な弟子の名前です。観音さまが「舎利子よ」と呼びかけられたのです。ここでは舎利子は私たちの代表と考えていいでしょう。

色不異空《しきふいくう》　空不異色《くうふいしき》　色即是空《しきそくぜくう》　空即是色《くうそくぜしき》

「色《しき》は空《くう》に異ならず、空は色に異ならず。色はすなわち空であり、空はすなわち色である」すべては空であるということを、言い方を変えてくりかえしています。「色」とは形のあるもののこと。私もあなたも、机も黒板も、樹や草や石も、「色」です。色即是空は仏教の表看板のように有名なことばです。

例をあげてみましょう。私が原稿を書いているとき、だれかがコーヒーを運んできてくれても、私は書くことに熱中していて、まったく気がつきません。仕事が一段落して気がゆるんだとき、コーヒーが匂っているということがよくあります。

この場合、コーヒーに気がつかない間、私にとってコーヒーはないのと同じです。これが色即是空です。また私はコーヒーに気づいていないけれど、コーヒーは実際にはそこにあり続けているわけです。それが空即是色です。

ですから、空とは「ない」と「ある」の両方の性質をもっているのです。

受想行識《じゅそうぎょうしき》　亦復如是《やくふくにょぜ》

「受想行識もまた同じ」受想行識は、心の働きのことです。受・想・行・識の区別はちょっとややこしいので、みなさんにはこの四つ全体で心や精神のことを意味しているのだと思っていただければ充分です。つまり、心もまた空であるという意味です。

舎利子《しゃりし》

「舎利子よ」とふたたび呼びかけます。

是諸法空相《ぜしょほうくうそう》

「この世のすべてのものは空である」先ほどの話のくりかえしです。「法」はこの世にあるすべてのものをさします。「色」と同じです。

不生不滅《ふしょうふめつ》

「生じもしなければ滅びもしない」すべてのものは空で、最初からないのだから、生まれることも滅びることもないのです。

不垢不浄《ふくふじょう》　不増不減《ふぞうふげん》

「汚くもなく、きれいでもない。増えもせず減りもしない」これはなぞなぞみたいに見えるかも知れませんが、こう考えてみましょう。

きれいだと思うのも汚いと感じるのも心の働きですね。自分の赤ちゃんのウンチを汚いと思うお母さんはいません。赤ちゃんのウンチは健康のバロメーターですから、おむつを開くたびにお母さんは、「あら、今日はいいウンチね」などと見て、匂いを嗅《か》ぐのも平気です。きれいだとか汚いというのは、すべて心が作り出したあやふやなものなのです。

増えるとか減るというのも同じこと。海の水は、波が引けば少なくなって見え、潮が満ちれば多く見えるけれど、実際は減りも増しもしていません。愛情だって同じです。

「不垢不浄　不増不減」は、思いこみでとらわれている心を離れろ、という教えです。

是故空中無色《ぜこくうちゅうむしき》　**無受想行識**《むじゅそうぎょうしき》　**無眼耳鼻舌身意**《むげんにびぜっしんに》　**無色声香味触法**《むしきしょうこうみそくほう》
無眼界乃至無意識界《むげんかいないしむいしきかい》

「このゆえに空の中に色はなく、受想行識もない。眼耳鼻舌身意もなく色声香味触法もない。眼界乃至意識界もない」受想行識、眼耳鼻舌身意、色声香味触法、眼界乃至意識界は、体と心そのもの、そして体や心で感じたり考えたりするすべてのことをさします。それらも、認識する心がなければ、すべては「ない」ということです。「無」です。

この「無」も空に似て、ゼロではありません。「ある」と「ない」の両方の性質を持っています。

無無明《むむみょう》　**亦無無明尽**《やくむむみょうじん》

「無明がなければ、また無明をなくし尽くす」無明とは、真実に明るくない心、つまり無知でおろかということです。

お釈迦《しゃか》さまは菩提樹《ぼたいじゅ》の下で座禅に入って七日目の朝に悟《さと》りをひらきました。紀元前四二八年十二月八日のこととされています。そのときお釈迦さまは、「この世は苦である。苦は人間がもともと無明の心で生まれてくるから起こる。苦をなくすには、その原因である無明をなくせ」という真理を発見しました。無明をなくすとは、つまり真の智慧《ちえ》を身につけることです。

乃至無老死《ないしむろうし》　**亦無老死尽**《やくむろうしじん》

「あるいは老死がなければ、また老死をなくし尽くす」無明さえなくせば、人間のもっとも大きな苦である老死もなくなるということです。

無苦集滅道《むくしゅうめつどう》

「苦集滅道もなし」苦集滅道とは、お釈迦さまが菩提樹の下で悟ったときに発見なさった真理のこと。その真理すらないとは、いったいどうしたことでしょう。

無智亦無得《むちやくむとく》　**以無所得故**《いむしょとっこ》

「智もなく、得もない。何も得るところがない故《ゆえ》に」

「智」は智慧のことです。いくら空《くう》だからといって、真理も、智慧もないし、智慧を得ても得はないとまでいわれたら困ってしまいます。

でも、これは次のように考えるとわかるのです。前にもいったように、般若心経の教えは「とらわれるな」ということでした。

お釈迦さまの発見したたいせつな教えも、受け手である私たちが、それにしばられていたら、かえって不自由になってしまいます。だから、「一度知ったうえで、それからも解放されなさい」ということなのだと思います。そしてほんとうに心が自由になったら、智慧は智慧と意識されなくなる。空気のようになるのです。ということは、何も持っていないのと同じことだというわけです。

ここまでいろいろと説明してきましたが、多少わからないところがあっても気にしなくて大丈夫です。ただひとつ、「とらわれるな」、これだけを覚えてくれればいい。ここがいちばん肝心なところです。どう、少しは安心したでしょう?

菩提薩埵《ぼだいさった》　依般若波羅蜜多故《えはんにゃはらみったこ》

「菩薩《ぼさつ》は、波羅蜜多の智慧によって」

心無罣礙《しんむけげ》　無罣礙故《むけげこ》　無有恐怖《むうくふ》

「心にとらわれがないから、なにも恐れるものがない」心無罣礙は「心にさまたげるものがない」ということ。それは、自由な心、こだわりのない心です。心にこだわりがなければ、怖いものはありません。人間の恐怖のなかでも、死への恐怖はなにものよりも大きいものですが、死への恐怖さえなくなります。悩みごとや心配もなくなります。自分のメンツにこだわることもない。もう恐れるものはない。

遠離一切顛倒夢想《おんりいっさいてんどうむそう》　究竟涅槃《くうきょうねはん》

「すべてのまちがった見方や考え方から遠く離れて、永遠の平安に入っている」

遠離は「遠ざかること」一切は「すべて」顛倒は「ひっくり返ったもの」さかさまにつるされるととても苦しいように、さかさまに物事を見るのも苦しいことです。つまりひっくり返ったものの見方や考え方はまちがっていて、夢想と同じです。

究竟は「最上の」涅槃とは、私たちの迷いの火を吹き消した永遠の平安の世界です。

人間が幸福になるとは結局、なにものもおそれなくなることで、自由になることです。

三世諸仏《さんぜしょぶつ》　依般若波羅蜜多故《えはんにゃはらみったこ》　得阿耨多羅三藐三菩提《とくあのくたらさんみゃくさんぼだい》

「三世諸仏はみな、波羅蜜多の智慧《ちえ》を持っておられ、このうえなく真実な尊い悟《さと》りを得られた」

仏教では、限りない過去から限りない未来にいたるまで、ありとあらゆるところに仏さまがいるとされます。私たちのいるところには、かならず仏さまがいて、私たちをすくってくださるというわけです。「三世諸仏」とは、そのことを示したことばです。

仏教では、すべての人がみな仏さまになれるという考え方をします。つまりここでは私たちはみな、仏になれると約束しているのです。

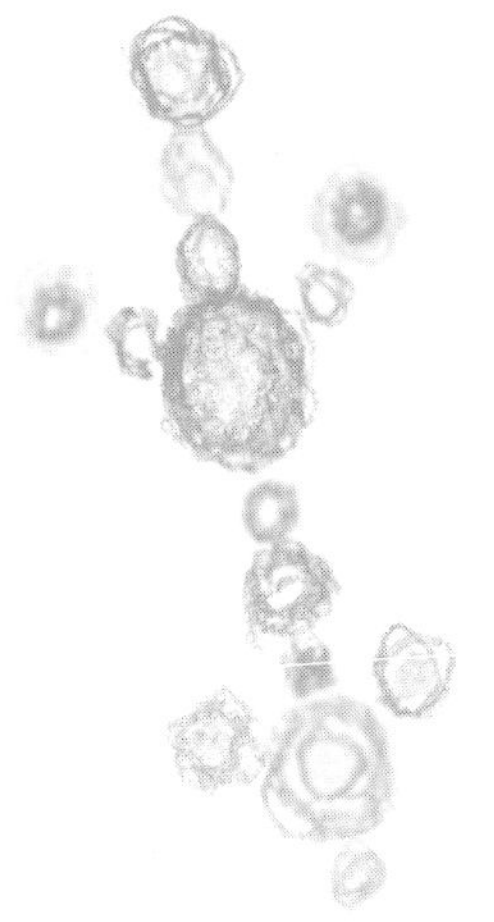

故知般若波羅蜜多《こちはんにゃはらみった》　是大神呪《ぜだいじんしゅ》　是大明呪《ぜだいみょうしゅ》　是無上呪《ぜむじょうしゅ》　是無等等呪《ぜむとうどうしゅ》

これまでの章で、般若心経の主な講義、説明は終わったのです。ここからは今までの総まとめに入ります。オーケストラでいえば、最終楽章の盛りあがったところです。「呪《しゅ》」とは、苦痛や災難を除いてくれる呪文です。マントラともいいます。マントラは、口にすればたちまち、人間の無明《むみょう》を除きます。ありがたい仏のことばと解釈すればいいでしょう。大神呪、大明呪、無上呪、無等等呪はマントラの種類ですが、とにかく、これから記す般若心経のマントラはだれが唱えても功徳《くどく》があるのだということです。

能除一切苦《のうじょいっさいく》　真実不虚《しんじつふこ》

「すべての苦しみをよく除き、真実にして偽《いつわ》りがない」

そんなご利益のあることばなら、早く教えてほしいと思います。

故説般若波羅蜜多呪《こせつはんにゃはらみったしゅ》　即説呪曰《そくせつしゅわつ》

「ゆえに般若波羅蜜多の呪を説く、すなわち呪を説いて曰《いわ》く」

さあ、これからマントラを教えてあげよう、ということです。

羯諦羯諦《ぎゃていぎゃてい》　波羅羯諦《はらぎゃてい》　波羅僧羯諦《はらそうぎゃてい》　菩提薩婆訶《ぼじそわか》

このマントラの部分は、昔から尊重され、わざと訳さないで原語のまま読まれています。訳すとマントラの力がなくなってしまう、マントラは仏さまの秘密の言語だとされていました。マントラは宇宙の生命へ向かっていう宇宙語だと私は解釈しています。マンでも人間というのは、ダメといわれればなおさら知りたい。だからこの部分は昔からいろんな訳がなされていますが、私なりに訳すと次のようになります。意味は皆さんご自身で、それぞれに考えてみてください。

「往《ゆ》け往け　彼《か》の岸へ　いざともに渡らん　幸いなるかな」

写経は楽しい！　般若心経を書いてみましょう。

「写経」ということばをきいたことがありますか。お経を書き写すことです。

お経は、声に出してあげても、書き写しても、持っているだけでも、ご利益《りやく》があるといわれています。

私のお寺、寂庵《じゃくあん》でも、毎月一日に写経の会を開いています。お母さんといっしょに小学生の子どもさんもやってきて、むずかしい漢字もしっかり写しています。

初めて写経をするのにいちばんいいお経が般若心経です。なんといっても般若心経はたいへん短い。六百巻もある「大般若経」のエッセンスを集めた、ありがたい最高のお経だからです。

この本には、般若心経をすぐに書いてみることのできる練習帳をつけました。

写経というと、なんだかむずかしくて、つまらないように思いますか？　ところが――まあ、やってごらんなさい、楽しいですから。

Q 写経はどんなときにするのですか？

どんなときにでも！

いいこと、うれしいことがあったとき。それに感謝して、その幸せをだれかに分けてあげる気持ちで写経してみましょう。

心配ごとがあるときや、つらいことがあったとき。むずかしい字を一生懸命書き写していると、いつのまにか何も考えなくなります。無心になります。写経をすると心が鎮《しず》まります。すると、これからどうしたらいいか、いい考えも浮かんでくるものです。

お願いごとがあるとき。たとえばお母さんの病気が早く治ってほしいとか、友達が困っているとかいうときは、その人のことを思って心をこめて書きましょう。世界平和を祈りながら書くのもすばらしいことです。

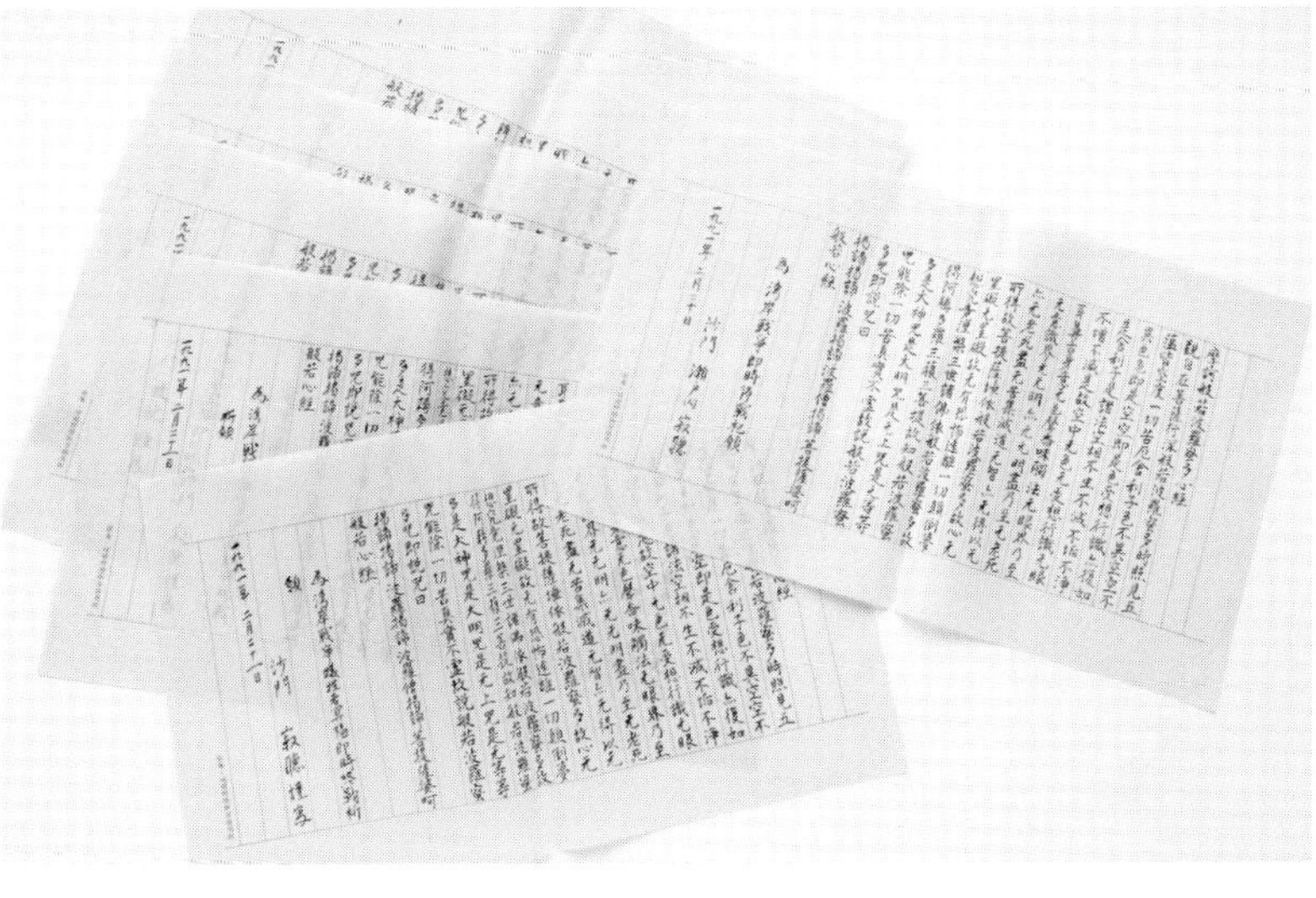

湾岸戦争の即時停戦を祈願して書いた写経（平成三年）

Q むずかしい漢字がたくさんあって、とてもできそうもありません。

ところが、案外そうでもないのです。むずかしい字を書き写すことに、いつのまにか夢中になってしまうはずです。書き終わったときには、なんともいえない「ヤッター！」という達成感を味わえますよ。

Q 筆で書かなくてもいいのですか？

筆がだめなら、ペンだって鉛筆だっていい。鉛筆でノートに書いても立派な写経です。寂庵《じゃくあん》に納められた写経の中には、小さな子どもがひらがなだけで書いた「般若心経」もあります。形式よりも、まごころをこめることが大事なのです。

字が上手である必要はありません。一度に全部書かなくても、一日一行でも書いてみましょう。

Q 写経をすると、ほんとうにご利益《りやく》があるのですか？

写経はお薬とちがうから、飲めばすぐ効くというようなご利益ではありません。

けれど私には、ひとのために、いっしょうけんめい写経してお祈りすると、その祈りがかなえられたと感じたことは何度かあります。また寂庵に写経にみえた多くの人がいろいろなお礼の報告をくださいます。友人の病気が治ったとか、危険なことから逃れられたとか……。もしかしたら写経のせいじゃないかも知れないけれど、ひっしに写経してお願いすれば、仏さまが助けてやろうと思われる時とピタッと合って、ご利益がいただけることがあるんだと思います。

ひとのための願いや、大きい願いをかけましょう。仏教は、人間が幸せに生きていくにはどうしたらいいかという教えです。人間が寂しいと思うのは、だれも自分を求めてくれていないと感じることです。写経してその人の役にたちたいと願う相手がいることは、とても幸せなことなのです。

Q 書き終えた写経はどうしたらいいのですか？

書き終えた写経はどんな形のものであれ、まごころのこもった尊いものです。たいせつにとっておきましょう。額に入れて家にかざったり、何かのお祝いにきれいに表装《ひょうそう》して、ひとに贈《おく》ったりしてもよいでしょう。

私の知人には、きれいな石に般若心経を書いて、お家に置いてお守りにしている人もいます。

または、菩提寺《ぼだいじ》やゆかりのあるお寺に納めます。どんなお寺でも快く受け取ってくれるはずです。

〈正式に写経をしたくなったら〉

近頃は写経の会を開いているお寺やサークルが増えていますので、そんなところをさがして足を運んでみるのもひとつの方法です。そうでなくても、自宅で空いた時間をみつけて写経を始めることができます。

写経は、はじめのうちは手近にある筆記用具で書いてもかまいませんが、墨《すみ》をすり、筆で書く正式な写経をしたいという気持ちが生まれてくるでしょう。

昔から伝わっている写経の形式を紹介します。

（本書にも写経のための手本をつけてありますので、使ってみてください。）

■用具をそろえる

基本的な用具は、書道用品店でそろえることができます。写経セットとして、手本や用紙のついた形で販売されているものもあります。

写経をするのに最低限必要な道具は筆・硯《すずり》・墨・紙の四つです。これらの道具は昔から書斎《しょさい》の宝、「文房四宝《ぶんぼうしほう》」と呼ばれ、貴ばれてきました。

■場所と心身を清める

写経する場所を決め、できるだけきれいにして、机の上に用具を整えます。

手を洗い、口をすすぎ、机の前に静かにすわって深呼吸し、心を鎮《しず》めます。香《こう》をたくのも、心を鎮めるのに効果的です。

■写経をする

静かに墨をすり、写経観念文《しゃきょうかんねんもん》（これから写経させていただきます、という感謝と祈りのことば）を唱えます。

心をこめて手本を写します。手本の上に用紙を重ねて写してもいいし、慣れてくれば手本を横に置いて書き写します。

書き終えたら、まちがいがないか最初から見直します。

■お願いごとを書く

本文を書き終えたら、「為」と頭に書いて、その下にお願いごとを書きます。このお願いごとのことを「願文《がんもん》」といいます。たいていは手本に「家内安全」「大願成就」「身体健全」などと見本が書いてありますが、普通の文でかまいません。

■写経を納める

菩提寺《ぼだいじ》やゆかりのあるお寺に納めます。

瀬戸内寂聴
（せとうち・じゃくちょう）

一九二二年、徳島市に生まれる。東京女子大学卒業。

一九五七年、「女子大生・曲愛玲《チュイアイリン》」で新潮社同人雑誌賞を受賞。

一九六三年、「夏の終り」で女流文学賞を受賞。

一九七三年、中尊寺で得度受戒。法名・寂聴。

一九七四年、京都・嵯峨野に寂庵を結ぶ。

一九八七年より二〇〇五年まで、岩手県天台寺住職。

一九九二年、「花に問え」で谷崎潤一郎賞を受賞。

一九九六年、「白道」で芸術選奨文部大臣賞を受賞。

一九九七年、文化功労者に選ばれる。

一九九八年、NHK放送文化賞を受賞。

二〇〇一年、「場所」で野間文芸賞を受賞。

二〇〇六年、国際ノニーノ賞を受賞。文化勲章受章。

著書に「瀬戸内寂聴全集」、「現代語訳　源氏物語」（全十巻）、小説「秘花」「月の輪草子」「死に支度」「いのち」など多数がある。

二〇二一年一一月九日、逝去。

9歳《さい》から99歳《さい》までの
絵本《えほん》 般若心経《はんにゃしんぎょう》

二〇〇七年 七 月一〇日 第一刷発行
二〇二二年 三 月一四日 第一一刷発行
著者——瀬戸《せと》内《うち》 寂聴《じゃくちょう》

発行者——鈴木章一
発行所——株式会社 講談社
東京都文京区音羽二—一二—二一　郵便番号一一二—八〇〇一
出版（〇三）五三九五—三五〇四
販売（〇三）五三九五—五八一七
業務（〇三）五三九五—三六一五
印刷所——大日本印刷株式会社　製本所——大口製本印刷株式会社
定価は函に表示してあります。

ISBN978-4-06-213897-0

なぞり書き練習帳の使い方

○ひらがななぞり書き

まずはウォーミングアップ。お経を唱えるような気持ちで、あるいは声に出して読みながら、書いてみましょう。お子さんだけでなく、大人の方もやってみてください。

○一行練習帳

ことばの区切りごとに、なぞり書き二回と、お手本を見ながら自分で書く練習ができます。下に原文の読み下し文をつけました。絵本の訳文・解説とあわせて、内容を理解する参考にしてください。

○全文なぞり書き

気持ちを鎮《しず》めて、全文を通して書いてみましょう。

○全文仕上げ

最後にお手本を見ながら、自分の字で全文を書きましょう。

＊使用する筆記用具は自由に選んでください。筆、筆ペン、鉛筆、ボールペン、万年筆など、何で書いても練習できます。

＊練習がすんだら、写経紙に書いてみましょう。本書には写経紙とお手本が付いています。

まかはんにゃはらみったしんぎょう
かんじざいぼさつ　ぎょうじんはんに
やはらみったじ　しょうけんごうんか
いくう　どいっさいくやく　しゃりし
しきふいくう　くうふいしき　しき
そくぜくう　くうそくぜしき　じゅそ
うぎょうしき　やくぶにょぜ　しゃり
し　ぜしょほうくうそう　ふしょう

ふめつ　ふくふじょう　ふぞうふげん
ぜこくうちゅうむしき　むじゅそう
ぎょうしき　むげんにびぜつしんに
むしきしょうこうみそくほう　むげん
かいないしむいしきかい　むむみょう
やくむむみょうじん　ないしむろう
し　やくむろうしじん　むくしゅうめ
つどう　むちやくむとく　いむしょと

つこ　ぼだいさった　えはんにゃはら
みったこ　しんむけげ　むけげこ　む
うくふ　おんりいっさいてんどうむそ
う　くきょうねはん　さんぜしょぶつ
えはんにゃはらみったこ　とくあの
くたらさんみゃくさんぼだい　こちは
んにゃはらみった　ぜだいじんしゅ
ぜだいみょうしゅ　ぜむじょうしゅ

ぜむとうどうしゅ　のうじょいっさい
く　しんじつふこ　こせつはんにゃは
らみったしゅ　そくせつしゅわつ
ぎゃていぎゃてい　はらぎゃてい　は
らそうぎゃてい　ぼじそわか

はんにゃしんぎょう

摩訶般若波羅蜜多心經

摩訶般若波羅蜜多心經

摩訶般若波羅蜜多心經

摩訶《まか》
般若《はんにゃ》波羅蜜多《はらみった》心経《しんぎょう》

観自在菩薩行深般若波羅蜜多時

観自在菩薩行深般若波羅蜜多時

観自在菩薩行深般若波羅蜜多時

観自在菩薩《かんじざいぼさつ》
般若波羅蜜多《はんにゃはらみった》を
深《ふか》く行《ぎょう》ずる時《とき》

照見五蘊皆空度一切苦厄

照見五蘊皆空度一切苦厄
照見五蘊皆空度一切苦厄

五蘊《ごうん》は皆空《かいくう》なりと
照見《しょうけん》して
一切《いっさい》の苦厄《くやく》を
度《ど》したもう

舎利子色不異空空不異色

舎利子色不異空空不異色
舎利子色不異空空不異色

舎利子《しゃりし》よ
色《しき》は空《くう》に異《こと》ならず
空《くう》は色《しき》に異《こと》ならず

色即是空空即是色
色即是空空即是色
色即是空空即是色

色《しき》即《すなわ》ち是《こ》れ空《くう》
空《くう》即《すなわ》ち是《こ》れ色《しき》

受想行識亦復如是
受想行識亦復如是
受想行識亦復如是

受想行識《じゅそうぎょうしき》も
またかくの如《ごと》し

舎利子是諸法空相

舎利子是諸法空相
舎利子是諸法空相

舎利子《しゃりし》よ
是《こ》の諸法《しょほう》は
空相《くうそう》なり

不生不滅不垢不浄不増不減

不生不滅不垢不浄不増不減
不生不滅不垢不浄不増不減

生《しょう》ぜず滅《めっ》せず
垢《けが》れず浄《きよ》からず
増《ま》すことなく
減《へ》ることなし

是故空中無色無受想行識

是故空中無色無受想行識

是故空中無色無受想行識

是《こ》の故《ゆえ》に
空《くう》の中《なか》には
色《しき》も無《な》く
受想行識《じゅそうぎょうしき》も無《な》く

無眼耳鼻舌身意無色聲香味觸法

無眼耳鼻舌身意無色聲香味觸法

無眼耳鼻舌身意無色聲香味觸法

眼耳鼻舌身意《げんにびぜつしんに》も
無《な》く
色声香味触法《しきしょうこうみそくほう》も
無《な》く

無眼界乃至無意識界

無眼界乃至無意識界

無眼界乃至無意識界

眼界乃至意識界《げんかいないしいしきかい》も
無《な》し

無無明亦無無明盡

無無明亦無無明盡

無無明亦無無明盡

無明《むみょう》が無《な》ければ
亦《また》無明《むみょう》を
無《な》くし尽《つ》くす

乃至無老死亦無老死盡

乃至無老死亦無老死盡
乃至無老死亦無老死盡

乃至《ないし》は
老死《ろうし》が無《な》ければ
亦老死《またろうし》を
無《な》くし尽《つ》くす

無苦集滅道無智亦無得以無所得故

無苦集滅道無智亦無得以無所得故
無苦集滅道無智亦無得以無所得故

苦集滅道《くしゅうめつどう》も無《な》し
智《ち》も無《な》く
亦得《またとく》も無《な》し
得《え》る所《ところ》無《な》きを
以《もっ》ての故《ゆえ》に

菩提薩埵依般若波羅蜜多故

菩提薩埵《ぼだいさった》は
般若波羅蜜多《はんにゃはらみった》に
依《よ》るが故《ゆえ》に

心無罣礙無罣礙故無有恐怖

心《こころ》に罣礙《けげ》無《な》し
罣礙《けげ》無《な》きが故《ゆえ》に
恐怖《くふ》有《あ》ること無《な》し

遠離一切顛倒夢想究竟涅槃

遠離一切顛倒夢想究竟涅槃
遠離一切顛倒夢想究竟涅槃

一切《いっさい》の顛倒《てんどう》夢想《むそう》を
遠離《おんり》して
涅槃《ねはん》を究竟《くきょう》す

三世諸佛依般若波羅蜜多故

三世諸佛依般若波羅蜜多故
三世諸佛依般若波羅蜜多故

三世《さんぜ》の諸仏《しょぶつ》も
般若波羅蜜多《はんにゃはらみった》に
依《よ》るが故《ゆえ》に

得阿耨多羅三藐三菩提

得阿耨多羅三藐三菩提

得阿耨多羅三藐三菩提

阿耨多羅《あのくたら》
三藐三菩提《さんみゃくさんぼだい》を
得《え》たまえり

故知般若波羅蜜多是大神呪

故知般若波羅蜜多是大神呪

故知般若波羅蜜多是大神呪

故《ゆえ》に知《し》る
般若波羅蜜多《はんにゃはらみった》は
是《こ》れ大神呪《だいじんしゅ》なり

是大明呪是無上呪是無等等呪

是大明呪是無上呪是無等等呪

是大明呪是無上呪是無等等呪

是《こ》れ大明呪《だいみょうしゅ》なり
是《こ》れ無上呪《むじょうしゅ》なり
是《こ》れ無等等呪《むとうどうしゅ》なり

能除一切苦真實不虛

能除一切苦真實不虛

能除一切苦真實不虛

能《よ》く一切《いっさい》の苦《く》を
除《のぞ》き
真実《しんじつ》にして
虚《むな》しからず

故説般若波羅蜜多呪即説呪曰

故説般若波羅蜜多呪即説呪曰
故説般若波羅蜜多呪即説呪曰

故《ゆえ》に
般若波羅蜜多《はんにゃはらみった》の
呪《しゅ》を説《と》く
即《すなわ》ち呪《しゅ》を説《と》いて
曰《いわ》く

羯諦羯諦　波羅羯諦　波羅僧羯諦

羯諦羯諦　波羅羯諦　波羅僧羯諦
羯諦羯諦　波羅羯諦　波羅僧羯諦

羯諦羯諦《ぎゃていぎゃてい》
波羅羯諦《はらぎゃてい》
波羅僧羯諦《はらそうぎゃてい》

菩提薩婆訶

菩提薩婆訶

菩提薩婆訶

菩《ぼ》提《じ》薩《そ》婆《わ》訶《か》

般若心經

般若心經

般若心經

般《はん》若《にゃ》心《しん》経《ぎょう》

摩訶般若波羅蜜多心經

觀自在菩薩行深般若波羅蜜多時照見五
蘊皆空度一切苦厄舍利子色不異空空不
異色色即是空空即是色受想行識亦復如
是舍利子是諸法空相不生不滅不垢不淨
不増不減是故空中無色無受想行識無眼
耳鼻舌身意無色聲香味觸法無眼界乃至

無意識界無無明亦無無明盡乃至無老死
亦無老死盡無苦集滅道無智亦無得以無
所得故菩提薩埵依般若波羅蜜多故心無
罣礙無罣礙故無有恐怖遠離一切顛倒夢
想究竟涅槃三世諸佛依般若波羅蜜多故
得阿耨多羅三藐三菩提故知般若波羅蜜
多是大神呪是大明呪是無上呪是無等等

呪能除一切苦真實不虚故說般若波羅蜜

多呪即說呪曰

羯諦羯諦 波羅羯諦 波羅僧羯諦 菩提薩婆訶

般若心經